The Magic Parrot And Other Bilingual Italian-English Stories for Kids

Pomme Bilingual

Published by Pomme Bilingual, 2024.

Table of Contents

Il Pappagallo Prestigiatore

C'era una volta, in una foresta tropicale luminosa e allegra, un pappagallo di nome Pepito. Pepito non era un pappagallo qualunque; aveva piume di mille colori e un talento speciale: era un prestigiatore eccezionale. Tuttavia, il suo trucco più magico era che riusciva a parlare con gli altri animali, ma solo quando non lo stavano guardando.

Pepito amava stupire i suoi amici con magie straordinarie. Un giorno, mentre tutti gli animali del bosco stavano festeggiando il compleanno della tartaruga Tina, Pepito decise di fare qualcosa di davvero speciale. Mentre tutti ballavano e cantavano, Pepito si avvicinò a un angolo tranquillo e tirò fuori un mazzo di carte colorate che aveva trovato in un vecchio tronco.

"Ssshh, non dirlo a nessuno," bisbigliò Pepito al suo amico, il topo Timmy, mentre faceva un elegante movimento con le ali e le carte iniziarono a volteggiare nell'aria. Timmy guardava estasiato, mentre Pepito eseguiva trucchi incredibili, facendo apparire e scomparire le carte con un abile tocco.

"Wow, Pepito! Sei il migliore prestigiatore che abbia mai visto!" esclamò Timmy.

"Grazie, ma dobbiamo essere cauti. Non voglio che gli altri animali vedano i miei trucchi. Non voglio rovinare la sorpresa," spiegò Pepito.

Mentre continuavano a divertirsi, però, la scimmia Sally, curiosa come sempre, si avvicinò al posto dove Pepito stava mostrando i suoi trucchi. Pepito, nel tentativo di nascondere le sue carte, fece una magia maldestra e le carte volarono in aria, finendo dappertutto. Sally era sbalordita.

"Che cosa sta succedendo qui?" chiese Sally, i suoi occhi brillavano di curiosità.

"Uh-oh," disse Pepito, "penso che sia il momento di mostrare a tutti il mio spettacolo!"

Sally, entusiasta, iniziò a chiamare gli altri animali. In pochi minuti, tutti gli animali del bosco erano radunati attorno a Pepito, ansiosi di vedere cosa stava per fare. Pepito, con un sorriso timido, cominciò il suo spettacolo di magia. Fece apparire coniglietti da un cappello, fece levitare palline colorate e persino trasformò i fiori in splendidi arcobaleni.

Gli animali erano incantati e applaudivano entusiasti. "Pepito, sei davvero un mago straordinario!" urlò la tartaruga Tina, che non riusciva a smettere di battere le mani.

Pepito si sentì un po' imbarazzato ma molto felice. Realizzò che, nonostante avesse voluto mantenere il suo talento segreto, era molto meglio condividere la sua magia con tutti. Fu così che il pappagallo prestigiatore divenne il favorito di tutti nel bosco.

Da quel giorno in poi, ogni volta che c'era una festa o un'occasione speciale, Pepito era sempre invitato a mostrare i suoi trucchi. E ogni volta, non solo sorprendeva i suoi amici, ma riusciva anche a farli ridere e divertirsi con le sue magie incredibili.

E così, Pepito il pappagallo prestigiatore visse felice e contento, facendo brillare il bosco con la sua magia ogni giorno.

The Magic Parrot

Once upon a time, in a bright and cheerful tropical forest, there was a parrot named Pepito. Pepito was no ordinary parrot; he had feathers of a thousand colors and a special talent: he was an exceptional magician. However, his most magical trick was that he could talk to other animals, but only when they weren't looking.

Pepito loved to amaze his friends with extraordinary magic. One day, while all the animals in the forest were celebrating Tina the turtle's birthday, Pepito decided to do something truly special. While everyone was dancing and singing, Pepito sneaked to a quiet corner and pulled out a deck of colorful cards he had found in an old log.

"Shhh, don't tell anyone," Pepito whispered to his friend, Timmy the mouse, as he made an elegant flutter with his wings and the cards began to flutter through the air. Timmy watched in awe as Pepito performed incredible tricks, making the cards appear and disappear with a deft touch.

"Wow, Pepito! You're the best magician I've ever seen!" Timmy exclaimed.

"Thanks, but we need to be careful. I don't want the other animals to see my tricks. I don't want to spoil the surprise," explained Pepito.

As they continued to have fun, however, Sally the monkey, ever curious, wandered over to the spot where Pepito was showing off his tricks. Pepito, trying to hide his cards, made a clumsy move, and the cards flew into the air, landing everywhere. Sally was stunned.

"What's going on here?" Sally asked, her eyes shining with curiosity.

"Uh-oh," said Pepito, "I think it's time to show everyone my show!"

Sally, excited, began calling all the other animals. In no time, all the animals in the forest were gathered around Pepito, eager to see what he was going to do. Pepito, with a shy smile, started his magic show. He made bunnies appear from a hat, made colorful balls float, and even turned flowers into beautiful rainbows.

The animals were enchanted and cheered enthusiastically. "Pepito, you're truly an amazing magician!" shouted Tina the turtle, unable to stop clapping.

Pepito felt a bit embarrassed but very happy. He realized that, although he had wanted to keep his talent a secret, it was much better to share his magic with everyone. And so, the magic parrot became everyone's favorite in the forest.

From that day on, whenever there was a party or a special occasion, Pepito was always invited to show off his tricks. And every time, not only did he surprise his friends, but he also made them laugh and enjoy his incredible magic.

And so, Pepito the magic parrot lived happily ever after, brightening the forest with his magic every day.

La Pizza Magica di Pippo e Gina

C'era una volta, in una cittadina tranquilla chiamata Pizzaville, un piccolo pizzeria che tutti adoravano, chiamata "La Pizza della Felicità". La pizzeria era gestita da Pippo e Gina, due amici inseparabili che avevano un talento speciale per preparare le pizze più deliziose di tutta la città. Pippo era un pizzaiolo esperto con una passione per gli ingredienti freschi e Gina era una maestra della pasta con un sorriso che illuminava la pizzeria. Tuttavia, avevano un piccolo segreto che nessuno conosceva: una pizza magica.

Ogni mattina, Pippo e Gina si svegliavano presto per preparare l'impasto della pizza. Ma quello che rendeva l'impasto speciale era un ingrediente segreto che Pippo e Gina avevano trovato in una vecchia ricetta di famiglia. Non era un ingrediente qualsiasi, era un pizzico di "Polvere di Sorriso", una sostanza misteriosa che faceva sì che ogni pizza non fosse solo deliziosa, ma anche capace di esaudire un desiderio.

Un giorno, la tranquillità di Pizzaville fu interrotta da un enorme problema: il concorso annuale di pizze si avvicinava e tutti gli chef della città erano in competizione per il titolo di "Miglior Pizza di Pizzaville". Pippo e Gina erano entusiasti ma anche nervosi. La loro pizza magica era sempre stata un successo, ma non avevano mai partecipato a un concorso così importante.

La sera prima del concorso, Pippo e Gina lavorarono fino a tardi per preparare la loro pizza speciale. Misero in un angolo della cucina la loro polvere magica e si misero al lavoro. Il profumo della pizza appena sfornata riempiva l'aria e gli occhi di Pippo e Gina brillavano di speranza e ansia. Quando finalmente la pizza fu pronta, la sistemarono su un grande piatto d'argento e la coprirono con una campana di vetro per mantenerla calda e fragrante.

La mattina seguente, Pizzaville era in fermento. Il concorso era l'evento dell'anno e tutti erano ansiosi di scoprire chi avrebbe vinto. Gli chef di tutto il paese erano riuniti nel grande parco della città, ognuno con la propria pizza spettacolare. Quando Pippo e Gina arrivarono, sentirono l'emozione e l'energia della competizione.

"Ci siamo quasi," disse Pippo a Gina, "ma ricordati, la nostra pizza è speciale. Se possiamo, dobbiamo farla brillare!"

Gina annuì e, con un ultimo sguardo alla loro pizza magica, la portarono al tavolo di giuria. Gli esperti erano impazienti di assaporare ogni creazione. Il presidente della giuria, un critico gastronomico molto serio di nome Signor Brambilla, si avvicinò alla pizza di Pippo e Gina con un'espressione di grande curiosità.

"Questa deve essere qualcosa di straordinario," disse il Signor Brambilla, mentre sollevava la campana di vetro e il profumo della pizza magica si diffuse nell'aria.

La pizza sembrava brillare di una luce dorata, e il Signor Brambilla non poteva resistere. Mentre assaporava il primo morso, gli occhi gli si spalancarono e un sorriso si diffuse sul suo volto. "E' incredibile! Questa pizza è la migliore che abbia mai assaggiato!"

Gli altri giudici furono d'accordo e dichiararono la pizza di Pippo e Gina come la vincitrice del concorso. Tutti in Pizzaville festeggiarono e Pippo e Gina furono sommersi di congratulazioni.

La magia della pizza non era solo nel suo sapore; aveva anche esaudito i desideri di tutti. La piccola città, che era stata un po' triste nei giorni precedenti, ora era piena di gioia e felicità. La pizza magica aveva portato una nuova luce alla vita di tutti.

"Non possiamo mantenere questo segreto per noi," disse Gina. "Dobbiamo condividere la nostra magia con tutti."

Da quel giorno, Pippo e Gina non solo continuavano a preparare le loro pizze deliziose, ma ogni pizza che facevano portava un pizzico di "Polvere di Sorriso" e un po' di magia in più. E così, Pizzaville divenne un luogo ancora più speciale, dove la pizza non era solo cibo, ma anche un motivo di gioia e speranza.

E vissero felici e contenti, con ogni pizza che era un piccolo miracolo di magia e felicità.

Pippo and Gina's Magic Pizza

Once upon a time, in a peaceful town called Pizzaville, there was a little pizzeria that everyone adored, called "The Happiness Pizza." The pizzeria was run by Pippo and Gina, two inseparable friends who had a special talent for making the most delicious pizzas in the whole town. Pippo was an expert pizzaiolo with a passion for fresh ingredients, and Gina was a dough master with a smile that lit up the pizzeria. However, they had a little secret that no one knew: a magical pizza.

Every morning, Pippo and Gina woke up early to prepare the pizza dough. But what made the dough special was a secret ingredient that Pippo and Gina had found in an old family recipe. It wasn't just any ingredient; it was a pinch of "Smile Powder," a mysterious substance that made every pizza not only delicious but also capable of granting a wish.

One day, the tranquility of Pizzaville was interrupted by a huge problem: the annual pizza contest was approaching, and all the chefs in town were competing for the title of "Best Pizza in Pizzaville." Pippo and Gina were excited but also nervous. Their magic pizza had always been a hit, but they had never entered such an important contest.

The night before the contest, Pippo and Gina worked late into the evening preparing their special pizza. They set their magic powder in a corner of the kitchen and got to work. The aroma of the freshly baked pizza filled the air, and Pippo and Gina's eyes sparkled with hope and anxiety. When the pizza was finally ready, they placed it on a large silver platter and covered it with a glass dome to keep it warm and fragrant.

The next morning, Pizzaville was abuzz. The contest was the event of the year, and everyone was eager to see who would win. Chefs from all over the country were gathered in the town's large park, each with their spectacular pizza. When Pippo and Gina arrived, they felt the excitement and energy of the competition.

"We're almost there," Pippo said to Gina, "but remember, our pizza is special. If we can, we need to make it shine!"

Gina nodded, and with one last look at their magic pizza, they brought it to the judging table. The experts were eager to taste each creation. The head judge, a very serious food critic named Mr. Brambilla, approached Pippo and Gina's pizza with a look of great curiosity.

"This must be something extraordinary," Mr. Brambilla said, as he lifted the glass dome and the aroma of the magic pizza wafted into the air.

The pizza seemed to glow with a golden light, and Mr. Brambilla couldn't resist. As he took the first bite, his eyes widened and a smile spread across his face. "It's incredible! This pizza is the best I've ever tasted!"

The other judges agreed and declared Pippo and Gina's pizza the winner of the contest. Everyone in Pizzaville celebrated, and Pippo and Gina were showered with congratulations.

The magic of the pizza was not only in its taste; it had also granted everyone's wishes. The small town, which had been a bit sad in the previous days, was now full of joy and happiness. The magic pizza had brought a new light to everyone's life.

"We can't keep this secret to ourselves," Gina said. "We need to share our magic with everyone."

From that day on, Pippo and Gina not only continued to make their delicious pizzas, but every pizza they made carried a pinch of "Smile Powder" and a little extra magic. And so, Pizzaville became an even more special place, where pizza was not just food, but also a source of joy and hope.

And they lived happily ever after, with every pizza being a little miracle of magic and happiness.

La Scimmia dei Desideri

C'era una volta, nella frondosa foresta di Gran Bosco, una scimmia di nome Mino. Mino era una scimmia dal pelo lucente e dagli occhi brillanti, famosa in tutto il bosco per il suo spirito allegro e per le sue acrobazie spettacolari. Ma non era solo la sua abilità a fare saltelli e capriole a farlo speciali; Mino aveva un dono straordinario: la capacità di esaudire desideri!

Questa magia unica era custodita in una piccola pietra colorata che Mino portava sempre con sé. Era una pietra di un blu intenso, che scintillava come una stella nel cielo notturno. Ogni volta che Mino voleva aiutare un amico, toccava la pietra e il desiderio si avverava. Tuttavia, c'era una regola molto importante che Mino doveva seguire: i desideri dovevano essere usati con saggezza e solo per il bene degli altri.

Un giorno, un terribile temporale colpì il Gran Bosco. I venti furiosi e la pioggia battente distrussero molte case degli animali e crearono pozzanghere enormi ovunque. Mino era molto preoccupato per i suoi amici e sapeva che era tempo di usare la sua pietra magica.

La prima creatura a chiedere aiuto fu Lino, il piccolo riccio. Lino era rimasto bloccato sotto un grosso albero caduto e non riusciva a uscire. "Mino, aiutami! Non posso muovermi!" gridò Lino, tremando di freddo.

Mino prese la sua pietra e, con una profonda concentrazione, toccò il riccio. "Che il grande albero si sollevi e Lino sia libero!" pronunciò Mino. Immediatamente, l'albero cominciò a sollevarsi e Lino poté finalmente uscire. "Grazie, Mino!" esclamò Lino, abbracciando il suo salvatore.

Mino continuò a vagare per la foresta, esaudendo i desideri dei suoi amici. Trasformò una pozzanghera in un meraviglioso lago, dove gli animali potevano giocare e divertirsi. Aiutò la famiglia di farfalle a ricostruire il loro nido distrutto e fece in modo che i conigli potessero avere un nuovo posto dove dormire al caldo.

Ma mentre Mino aiutava gli altri, un piccolo gruppo di animali invidiosi cominciò a complottare contro di lui. Erano tre volpi furbe di nome Vicky, Vito e Valeria. Erano gelosi del potere di Mino e volevano rubare la pietra magica per i loro scopi egoistici.

Una notte, quando Mino stava riposando, le volpi si intrufolarono nella sua casa e cercarono di prendere la pietra. Tuttavia, Mino si svegliò e, rendendosi conto del loro piano, decise di agire. Usando la sua agilità, riuscì a fermare le volpi e a proteggere la sua pietra.

Le volpi furono sconfitte e, invece di essere arrabbiate, Mino decise di usarle come esempio. "Vicky, Vito e Valeria," disse con gentilezza, "la vera magia non sta nel possedere un oggetto speciale, ma nel rendere il mondo un posto migliore con il proprio cuore."

Le volpi, toccate dalle parole di Mino, si resero conto dei loro errori e chiesero scusa. Da quel giorno, diventarono amici di Mino e cominciarono a usare la loro astuzia per aiutare gli altri animali della foresta.

Con il passare del tempo, la foresta di Gran Bosco tornò alla normalità e gli animali ripresero le loro vite serene. Mino continuò a essere il beniamino di tutti, non solo per i suoi salvataggi e per i suoi desideri esauditi, ma anche per la sua generosità e gentilezza.

Ogni volta che un animale aveva bisogno di aiuto, Mino era lì con un sorriso e un desiderio pronto a essere esaudito. E anche se la pietra magica era fondamentale per i suoi poteri, era il cuore di Mino a fare davvero la differenza.

E così, Mino visse felice e contento, facendo del bene a tutti e dimostrando che la vera magia è quella che nasce dal cuore.

15

The Monkey of Wishes

Once upon a time, in the lush forest of Grand Wood, there was a monkey named Mino. Mino was a monkey with shiny fur and bright eyes, famous throughout the forest for his cheerful spirit and spectacular acrobatics. But it wasn't just his ability to perform flips and jumps that made him special; Mino had an extraordinary gift: the ability to grant wishes!

This unique magic was contained in a small, colorful stone that Mino always carried with him. It was a stone of deep blue, sparkling like a star in the night sky. Every time Mino wanted to help a friend, he would touch the stone, and the wish would come true. However, there was a very important rule Mino had to follow: wishes had to be used wisely and only for the good of others.

One day, a terrible storm struck Grand Wood. The fierce winds and pouring rain destroyed many of the animals' homes and created huge puddles everywhere. Mino was very worried about his friends and knew it was time to use his magic stone.

The first creature to ask for help was Lino, the little hedgehog. Lino was trapped under a large fallen tree and couldn't move. "Mino, help me! I can't move!" Lino cried, shivering with cold.

Mino took out his stone and, with deep concentration, touched the hedgehog. "Let the great tree lift and Lino be free!" Mino declared. Immediately, the tree began to lift, and Lino was finally able to get out. "Thank you, Mino!" Lino exclaimed, hugging his savior.

Mino continued to wander through the forest, granting the wishes of his friends. He transformed a puddle into a wonderful lake where animals could play and have fun. He helped the butterfly family rebuild their destroyed nest and ensured that the rabbits had a new warm place to sleep.

But while Mino was helping others, a small group of envious animals began to plot against him. They were three cunning foxes named Vicky, Vito, and Valeria. They were jealous of Mino's power and wanted to steal the magic stone for their selfish purposes.

One night, while Mino was resting, the foxes sneaked into his home and tried to steal the stone. However, Mino woke up and, realizing their plan, decided to act. Using his agility, he managed to stop the foxes and protect his stone.

The foxes were defeated, and instead of being angry, Mino decided to use them as an example. "Vicky, Vito, and Valeria," he said kindly, "true magic is not about possessing a special object but about making the world a better place with your heart."

The foxes, touched by Mino's words, realized their mistakes and apologized. From that day on, they became Mino's friends and began using their cunning to help the other animals in the forest.

As time passed, Grand Wood returned to normal, and the animals resumed their peaceful lives. Mino continued to be everyone's favorite, not only for his rescues and granted wishes but also for his generosity and kindness.

Whenever an animal needed help, Mino was there with a smile and a wish ready to be fulfilled. And even though the magic stone was essential for his powers, it was Mino's heart that truly made a difference.

And so, Mino lived happily ever after, doing good for everyone and proving that true magic comes from the heart.

Le Scarpe Scatenate di Max

In una cittadina vivace chiamata Rumorville, viveva un ragazzino di nome Max. Max era un bambino allegro e pieno di energia, sempre in movimento. Un giorno, mentre passeggiava per il mercato, Max vide qualcosa di straordinario in una vetrina. Era un paio di scarpe colorate che sembravano brillare come le stelle e avevano un'etichetta che diceva: "Le Scarpe Scatenate – Cammina e Ballano!"

Max rimase affascinato. Le scarpe erano di un blu elettrico con lampi di rosso e giallo e avevano delle lucine LED che scintillavano ad ogni passo. Senza pensarci due volte, Max chiese a sua madre di comprarle. "Per favore, mamma! Voglio queste scarpe!"

Sua madre, vedendo quanto fosse entusiasta, accettò e presto Max aveva le sue nuove scarpe scatenate ai piedi. Il primo giorno che Max le indossò, accadde qualcosa di magico. Ogni volta che Max faceva un passo, le scarpe emettevano un suono allegro e ritmico: "Clap-clap, clop-clop, tap-tap!" Non erano solo rumori, ma una melodia vivace che sembrava ballare con lui. Max si sentiva come un ballerino professionista.

Il problema, però, era che le scarpe erano così rumorose che iniziarono a disturbare tutti intorno a lui. Ogni volta che Max andava a scuola, il rumore delle sue scarpe era così forte che le lezioni erano interrotte. La maestra, la Signora Petunia, non sapeva come fare per far smettere il frastuono. "Max, le tue scarpe sono magnifiche, ma dobbiamo trovare una soluzione per il rumore!" le disse, cercando di mantenere la calma.

Max provò a camminare in punta di piedi, ma non funzionava. Il rumore era inevitabile. Le scarpe continuavano a fare "Clap-clap, clop-clop, tap-tap!" anche se cercava di muoversi il più silenziosamente possibile.

I suoi amici iniziarono a ridere e a prenderlo in giro. "Max, sembri un elefante che balla!" dicevano ridendo.

Max si sentì triste e pensò che le sue scarpe scatenate stessero causando più problemi che divertimento. Decise quindi di non indossarle più e le ripose in un angolo della sua camera. Ma anche se non le indossava, non poteva fare a meno di pensare a quanto fossero speciali.

Una sera, mentre Max stava guardando un documentario sulla danza, ebbe un'idea brillante. Se non poteva usare le scarpe scatenate per camminare, forse poteva usarle per fare qualcosa di speciale. La sua mente cominciò a brulicare di idee e decise di organizzare una festa di danza per tutti i suoi amici.

Max si mise subito al lavoro, invitando tutti i suoi compagni di classe e preparando uno spazio per ballare nella sala comunale. Mentre lavorava, si accorse che il rumore delle scarpe era perfetto per una festa! Le scarpe scatenate avrebbero potuto essere l'attrazione principale.

Quando arrivò il giorno della festa, la sala era piena di palloncini colorati e luci scintillanti. Max indossò finalmente le sue scarpe scatenate e, mentre ballava, il ritmo delle scarpe riempiva la stanza. Le persone cominciarono a ballare al ritmo delle scarpe, e il frastuono divenne una melodia festosa. I suoi amici erano entusiasti e ballavano con lui, seguendo il ritmo unico delle scarpe.

La festa fu un grande successo e tutti si divertirono moltissimo. Anche la Signora Petunia, che era stata invitata, ammise che le scarpe scatenate erano fantastica per una festa di danza. "Non avevo mai visto niente di simile!" esclamò con entusiasmo. "Le scarpe di Max sono davvero speciali."

Max si rese conto che le sue scarpe non erano solo rumorose; avevano un potere unico di rendere ogni evento speciale e indimenticabile. Dopo la festa, Max decise di usare le scarpe solo per le occasioni speciali e di indossare scarpe normali per la scuola e altre attività quotidiane.

Le scarpe scatenate di Max diventarono famose in tutta Rumorville. Ogni volta che c'era una festa o un evento, le scarpe erano sempre lì, pronte a scatenare la gioia e il ritmo. Max, con le sue scarpe magiche, insegnò a tutti che anche le cose che sembrano problematiche possono avere un lato positivo se usate nel modo giusto.

E così, Max visse felice e contento, con le sue scarpe scatenate pronte a ballare e a creare sorrisi ogni volta che c'era un'occasione per festeggiare.

Max's Raucous Shoes

In a lively town called Rumorville, there lived a boy named Max. Max was a cheerful and energetic child, always on the move. One day, while walking through the market, Max saw something extraordinary in a shop window. It was a pair of colorful shoes that seemed to sparkle like stars and had a tag that read: "Raucous Shoes – Walk and Dance!"

Max was captivated. The shoes were a brilliant electric blue with flashes of red and yellow, and they had LED lights that sparkled with every step. Without thinking twice, Max asked his mom to buy them for him. "Please, Mom! I want these shoes!"

His mom, seeing how excited he was, agreed, and soon Max had his new raucous shoes on his feet. The first day he wore them, something magical happened. Every time Max took a step, the shoes emitted a cheerful and rhythmic sound: "Clap-clap, clop-clop, tap-tap!" They weren't just noises but a lively melody that seemed to dance along with him. Max felt like a professional dancer.

The problem, however, was that the shoes were so noisy that they started disturbing everyone around him. Every time Max went to school, the noise from his shoes was so loud that it interrupted the lessons. The teacher, Mrs. Petunia, didn't know how to handle the clamor. "Max, your shoes are magnificent, but we need to find a solution for the noise!" she said, trying to remain calm.

Max tried to walk on tiptoe, but it didn't work. The noise was inevitable. His shoes continued to make "Clap-clap, clop-clop, tap-tap!" even when he tried to move as quietly as possible. His friends began to laugh and tease him. "Max, you look like an elephant dancing!" they said, laughing.

Max felt sad and thought that his raucous shoes were causing more problems than fun. So, he decided to stop wearing them and put them in a corner of his room. But even though he wasn't wearing them, he couldn't stop thinking about how special they were.

One evening, while Max was watching a documentary about dancing, he had a brilliant idea. If he couldn't use the shoes for walking, maybe he could use them for something special. His mind began to buzz with ideas, and he decided to organize a dance party for all his friends.

Max immediately got to work, inviting all his classmates and preparing a space for dancing in the community hall. As he worked, he realized that the noise from the shoes was perfect for a party! The raucous shoes could be the main attraction.

When the day of the party arrived, the hall was filled with colorful balloons and sparkling lights. Max finally put on his raucous shoes, and as he danced, the rhythm of the shoes filled the room. People started dancing to the rhythm of the shoes, and the clamor became a festive melody. His friends were thrilled and danced with him, following the unique beat of the shoes.

The party was a huge success, and everyone had a great time. Even Mrs. Petunia, who had been invited, admitted that the raucous shoes were fantastic for a dance party. "I've never seen anything like it!" she exclaimed enthusiastically. "Max's shoes are truly special."

Max realized that his shoes weren't just noisy; they had a unique power to make every event special and unforgettable. After the party, Max decided to use the shoes only for special occasions and to wear normal shoes for school and other daily activities.

Max's raucous shoes became famous throughout Rumorville. Whenever there was a party or an event, the shoes were always there, ready to spark joy and rhythm. Max, with his magical shoes, taught everyone that even things that seem problematic can have a positive side if used in the right way.

And so, Max lived happily ever after, with his raucous shoes ready to dance and create smiles whenever there was an occasion to celebrate.

I Fiori Parlanti

Nella pittoresca cittadina di Colortown, c'era un angolo magico che tutti conoscevano e amavano: il Giardino delle Meraviglie. Questo giardino era speciale non solo per la varietà di fiori brillanti e colorati, ma anche perché era abitato da fiori parlanti. Ogni fiore aveva una personalità unica e amava raccontare storie affascinanti.

Il Giardino delle Meraviglie apparteneva a una dolce e simpatica ragazza di nome Viola. Viola aveva ereditato il giardino dalla sua nonna, la Signora Margherita, che aveva dedicato tutta la sua vita a coltivare e prendersi cura di quei fiori straordinari. La Signora Margherita aveva sempre detto a Viola che i fiori parlanti erano un segreto prezioso, e che doveva ascoltarli e rispettarli.

Viola, ora che era diventata grande, passava ogni giorno nel giardino, curando le piante e parlando con i fiori. C'era una margherita di nome Margot, sempre allegra e chiacchierona, una rosa elegante chiamata Rosalba, con un tono regale, e un girasole gigante di nome Sol, che amava raccontare storie di sole e avventure.

Un giorno, però, qualcosa di strano accadde nel Giardino delle Meraviglie. I fiori iniziarono a comportarsi in modo bizzarro. Margot non smetteva di ridere da sola, Rosalba sembrava sempre triste e Sol non riusciva a smettere di chiacchierare su argomenti senza senso.

Viola si preoccupò e decise di parlare con i fiori per capire cosa stesse succedendo. "Cosa vi succede, amici miei?" chiese Viola, cercando di mantenere la calma.

Margot, ridendo tra sé e sé, rispose: "Viola, sembra che qualcuno stia cercando di rovinare il nostro giardino! I fiori non si comportano come al solito, e il nostro giardino è sempre più disordinato."

Rosalba, con un sospiro, aggiunse: "Mi sento triste perché vedo che il giardino sta perdendo il suo splendore. Qualcosa deve essere andato storto."

Sol, con un'aria preoccupata, disse: "Ho sentito parlare di una misteriosa erba che cresce nel bosco vicino e che potrebbe avere un effetto negativo sui fiori. Dobbiamo fare qualcosa prima che sia troppo tardi!"

Viola decise di seguire il consiglio di Sol e si incamminò verso il bosco per cercare l'erba misteriosa. Il bosco era fitto e oscuro, ma Viola non si lasciò spaventare. Con determinazione, cercò e cercò finché non trovò un piccolo angolo dove cresceva un'erba dalle foglie verdi e lucide. Non sembrava niente di speciale, ma Viola aveva un brutto presentimento.

Mentre stava per raccogliere l'erba, una voce rauca e sibilante la fermò. "Chi osa disturbare la mia pianta?" chiese una voce minacciosa.

Viola si girò di scatto e vide una figura strana emerge dal buio: era un vecchio gnomo con una lunga barba bianca e un cappello a punta. "Sono io, Viola," rispose con coraggio. "Sono venuta a capire perché i fiori nel mio giardino stanno cambiando."

L'gnomo la guardò con attenzione e poi sospirò. "Quella pianta che hai trovato è un'erba che può influenzare i fiori. Ma non è lei la colpevole. C'è un altro problema: qualcuno sta usando un incantesimo per far sì che il giardino perda il suo splendore."

Viola era sconvolta. "Chi potrebbe fare una cosa del genere?"

"Il colpevole è un mago geloso di nome Malefico," spiegò l'gnomo. "Non sopporta la felicità che il tuo giardino porta alla gente e ha deciso di usarla per i suoi scopi malvagi."

Viola sapeva di dover agire in fretta. Chiese all'gnomo se c'era un modo per fermare Malefico e restituire il giardino alla sua bellezza originale. L'gnomo le spiegò che doveva trovare una pietra magica nascosta nel cuore del bosco e usarla per annullare l'incantesimo di Malefico.

Con la guida dell'gnomo, Viola si avventurò più in profondità nel bosco. Affrontò varie prove e superò ostacoli, mostrando coraggio e determinazione. Dopo una lunga ricerca, trovò finalmente la pietra magica, che brillava con una luce calda e dorata.

Con la pietra in mano, Viola tornò al giardino e la usò per rompere l'incantesimo di Malefico. Non appena lo fece, i fiori iniziarono a riacquistare i loro colori vivaci e il giardino tornò a splendere come un tempo. Margot, Rosalba e Sol tornarono a essere felici e vivaci, e il giardino era di nuovo un luogo di gioia e bellezza.

Malefico, sconfitto e umiliato, fu costretto a lasciare Colortown e non tornò mai più. Il Giardino delle Meraviglie divenne ancora più speciale grazie al coraggio e alla determinazione di Viola.

Viola continuò a prendersi cura del giardino con amore e dedizione. Ogni giorno, parlava con i fiori, ascoltava le loro storie e assicurava che il giardino rimanesse un luogo di felicità e meraviglia. E così, il Giardino delle Meraviglie divenne un simbolo di speranza e gioia per tutta Colortown.

E vissero felici e contenti, con i fiori parlanti che continuavano a raccontare storie magiche e a portare colore e bellezza alla vita di tutti.

The Talking Flowers

In the picturesque town of Colortown, there was a magical corner that everyone knew and loved: the Garden of Wonders. This garden was special not only for the variety of bright and colorful flowers but also because it was inhabited by talking flowers. Each flower had a unique personality and loved to tell fascinating stories.

The Garden of Wonders belonged to a sweet and friendly girl named Viola. Viola had inherited the garden from her grandmother, Mrs. Margherita, who had dedicated her life to cultivating and caring for those extraordinary flowers. Mrs. Margherita had always told Viola that the talking flowers were a precious secret and that she should listen to and respect them.

Now that Viola had grown up, she spent every day in the garden, tending to the plants and talking with the flowers. There was Margot, a cheerful and chatty daisy, an elegant rose named Rosalba with a regal tone, and a giant sunflower named Sol, who loved to tell stories of the sun and adventures.

One day, however, something strange happened in the Garden of Wonders. The flowers began to behave oddly. Margot couldn't stop laughing to herself, Rosalba always seemed sad, and Sol couldn't stop chattering about meaningless topics.

Viola was worried and decided to talk to the flowers to understand what was happening. "What's going on, my friends?" Viola asked, trying to stay calm.

Margot, laughing to herself, replied, "Viola, it seems like someone is trying to ruin our garden! The flowers are not behaving like usual, and our garden is becoming messier and messier."

Rosalba, with a sigh, added, "I feel sad because I see that the garden is losing its splendor. Something must have gone wrong."

Sol, looking worried, said, "I heard about a mysterious herb growing in the nearby forest that might have a negative effect on the flowers. We need to do something before it's too late!"

Viola decided to follow Sol's advice and set off to the forest to find the mysterious herb. The forest was dense and dark, but Viola was not frightened. With determination, she searched and searched until she found a small patch where a herb with green, glossy leaves was growing. It didn't look special, but Viola had a bad feeling about it.

As she was about to pick the herb, a raspy, hissing voice stopped her. "Who dares disturb my plant?" asked a menacing voice.

Viola spun around and saw a strange figure emerging from the darkness: it was an old gnome with a long white beard and a pointed hat. "It's me, Viola," she replied bravely. "I came to understand why the flowers in my garden are changing."

The gnome looked at her closely and then sighed. "That plant you found is an herb that can influence the flowers. But it's not the culprit. There's another problem: someone is using a spell to make the garden lose its splendor."

Viola was shocked. "Who could do such a thing?"

"The culprit is a jealous wizard named Malefico," explained the gnome. "He cannot stand the happiness that your garden brings to people and has decided to use it for his evil purposes."

Viola knew she had to act quickly. She asked the gnome if there was a way to stop Malefico and restore the garden to its original beauty. The gnome explained that she had to find a magical stone hidden in the heart of the forest and use it to counteract Malefico's spell.

With the gnome's guidance, Viola ventured deeper into the forest. She faced various trials and overcame obstacles, showing courage and determination. After a long search, she finally found the magical stone, which shone with a warm, golden light.

With the stone in hand, Viola returned to the garden and used it to break Malefico's spell. As soon as she did, the flowers began to regain their vibrant colors, and the garden started to shine like before. Margot, Rosalba, and Sol returned to being happy and lively, and the garden was once again a place of joy and beauty.

Malefico, defeated and humiliated, was forced to leave Colortown and never returned. The Garden of Wonders became even more special thanks to Viola's courage and determination.

Viola continued to take care of the garden with love and dedication. Every day, she talked to the flowers, listened to their stories, and made sure the garden remained a place of happiness and wonder. And so, the Garden of Wonders became a symbol of hope and joy for all of Colortown.

And they lived happily ever after, with the talking flowers continuing to tell magical stories and bring color and beauty to everyone's lives.

Il Giorno in cui il Vento Fece la Festa

Nella cittadina di Brezza, famosa per il suo clima sempre ventoso, viveva un ragazzino di nome Nico. Nico era un bambino vivace e curioso, con una passione per le avventure e una predilezione per i giorni di vento. Ogni volta che il vento soffiava forte, Nico si sentiva come se fosse un esploratore pronto a scoprire nuovi mondi.

Un giorno di primavera, il vento era particolarmente impetuoso. Le nuvole nel cielo sembravano danzare e i rami degli alberi ondeggiavano come se stessero applaudendo. Nico, con il suo cappotto blu sventolante e il cappello di lana ben saldo, decise che era il giorno perfetto per una grande avventura.

Mentre si dirigeva verso il parco, Nico notò che il vento sembrava particolarmente vivace. I fogli di carta volavano nel cielo e i palloncini erano impazziti. Quando arrivò al parco, scoprì che il vento aveva già cominciato a fare la festa. Le bandiere colorate dei giochi, che di solito erano fissate in modo ordinato, erano ora tutte arruffate e svolazzanti.

"Wow, sembra che il vento stia organizzando una festa!" esclamò Nico, stupito dalla scena. "Ma dove sono gli ospiti?"

Nico decise di indagare e scoprì che il vento stava invitando tutti gli oggetti del parco a una festa. I giochi per bambini si erano trasformati in ballerini e i prati erano diventati palcoscenici per spettacolari esibizioni di vento. Gli scivoli erano diventati scivoli volanti e le altalene erano ondeggianti come se stessero danzando il tango.

Non ci volle molto perché Nico si unisse alla festa. Si arrampicò su uno scivolo volante e si lanciò giù con un grido di gioia. Le altalene lo spingevano su e giù con una forza incredibile, e Nico si sentiva come se stesse volando tra le nuvole. Il vento sembrava divertirsi a sollevarlo sempre più in alto.

Mentre Nico si divertiva, notò che il vento aveva anche invitato alcuni nuovi amici: una banda di foglie colorate, che si erano raggruppate e formavano una band di musica naturale. Le foglie suonavano tamburi, trombe e chitarre fatte di rami e cortecce. La loro musica era gioiosa e ritmica, e tutti nel parco, inclusi gli alberi, sembravano muoversi a tempo.

Ma non era tutto perfetto. Nico si accorse che mentre il vento era occupato a divertirsi, aveva causato un po' di confusione. Le palle da basket erano volate via, e i cerchi da hula-hoop erano spariti. Persino i giochi d'acqua erano finiti sparsi per il parco.

Nico decise che era tempo di aiutare il vento a mettere a posto le cose. Si arrampicò su un'altalena particolarmente impazzita e si lanciò in un'avventura di recupero. Con l'aiuto delle foglie musicanti e dei giochi che avevano deciso di collaborare, Nico riuscì a riportare tutto al suo posto.

"Grazie, Nico!" dissero le foglie. "Siamo felici che tu abbia aiutato a sistemare il parco. Senza di te, la festa sarebbe stata un po' caotica."

Mentre il sole cominciava a tramontare e il vento si calmava, il parco tornò a essere un luogo tranquillo e ordinato. Le palle da basket erano di nuovo nel loro angolo, i cerchi da hula-hoop erano impilati ordinatamente e i giochi d'acqua erano al loro posto.

Nico si sedette su una panchina e guardò il parco con soddisfazione. Non solo aveva avuto una giornata straordinaria di divertimento, ma aveva anche aiutato a mantenere l'armonia tra il vento e il parco. Era contento di aver vissuto un'avventura così speciale.

Mentre il vento si calmava e il parco tornava alla normalità, Nico pensò che non c'era niente di più emozionante di un giorno ventoso, quando il vento decideva di fare una festa. E così, ogni volta che il vento cominciava a soffiare forte, Nico era pronto per una nuova avventura, sapendo che ogni giorno ventoso era un'opportunità per vivere una storia unica e straordinaria.

E vissero felici e contenti, con il vento che continuava a fare le sue feste e Nico sempre pronto a unirsi ai festeggiamenti.

The Day the Wind Threw a Party

In the breezy town of Brezza, known for its always windy weather, lived a lively and curious boy named Nico. Nico was a lively and curious boy with a passion for adventures and a fondness for windy days. Every time the wind blew strong, Nico felt like an explorer ready to discover new worlds.

One spring day, the wind was particularly boisterous. The clouds in the sky seemed to dance, and the branches of the trees swayed as if applauding. Nico, with his flapping blue coat and snug wool hat, decided it was the perfect day for a grand adventure.

As he headed towards the park, Nico noticed that the wind seemed particularly spirited. Sheets of paper flew in the sky, and balloons were going wild. When he arrived at the park, he discovered that the wind had already started throwing a party. The colorful flags of the playground, usually neatly tied, were now all ruffled and fluttering.

"Wow, it looks like the wind is throwing a party!" exclaimed Nico, amazed by the scene. "But where are the guests?"

Nico decided to investigate and found that the wind was inviting all the park's objects to a party. The playground equipment had turned into dancers, and the grassy areas had become stages for spectacular wind performances. The slides had become flying slides, and the swings were swaying as if they were dancing the tango.

It didn't take long for Nico to join the party. He climbed onto a flying slide and soared down with a joyful shout. The swings pushed him up and down with incredible force, and Nico felt like he was flying among the clouds. The wind seemed to enjoy lifting him higher and higher.

While Nico was having fun, he noticed that the wind had also invited some new friends: a band of colorful leaves that had gathered and formed a natural music band. The leaves played drums, trumpets, and guitars made of branches and bark. Their music was joyful and rhythmic, and everyone in the park, including the trees, seemed to move in time.

But it wasn't all perfect. Nico noticed that while the wind was having fun, it had caused a bit of chaos. The basketballs had flown away, and the hula hoops were missing. Even the water toys were scattered across the park.

Nico decided it was time to help the wind put things back in order. He climbed onto a particularly wild swing and embarked on a recovery adventure. With the help of the musical leaves and the playground equipment that had decided to cooperate, Nico managed to put everything back in its place.

"Thank you, Nico!" said the leaves. "We're glad you helped tidy up the park. Without you, the party would have been a bit chaotic."

As the sun began to set and the wind calmed down, the park returned to being a peaceful and orderly place. The basketballs were back in their corner, the hula hoops were neatly stacked, and the water toys were back in their spots.

Nico sat on a bench and looked at the park with satisfaction. Not only had he had an extraordinary day of fun, but he had also helped maintain harmony between the wind and the park. He was happy to have experienced such a special adventure.

As the wind settled and the park returned to normal, Nico thought there was nothing more exciting than a windy day when the wind decided to throw a party. And so, every time the wind began to blow strongly, Nico was ready for a new adventure, knowing that every windy day was an opportunity to live a unique and extraordinary story.

And they lived happily ever after, with the wind continuing to throw its parties and Nico always ready to join the celebrations.

41

Il Principe Emiliano e il Primo Giorno di Scuola Disastroso

C'era una volta un giovane principe di nome Emiliano, che viveva nel regale castello di Palladia. Emiliano era un ragazzo vivace e curioso, con un cuore grande e una voglia infinita di scoprire il mondo al di fuori delle mura del castello. Nonostante vivesse in un palazzo con enormi stanze e corridoi dorati, Emiliano desiderava ardentemente una cosa: frequentare una scuola come tutti gli altri bambini.

Il giorno del suo primo giorno di scuola, Emiliano si svegliò presto, e la sua eccitazione era così palpabile che sembrava quasi poter toccare l'aria. Aveva indossato il suo miglior uniforme scolastica, una giacca blu brillante con una cravatta a righe e pantaloni di velluto. Ma nonostante l'eleganza dell'outfit, Emiliano era determinato a vivere un'esperienza scolastica come qualsiasi altro bambino.

Dopo una colazione abbondante a base di croissant e cioccolata calda, Emiliano fu accompagnato al suo nuovo istituto, la Scuola Superiore di Duca Rinaldo. Questa era una scuola normale, proprio come quella che si vedeva nei libri e nei film, con aule colorate, insegnanti severi e bambini che correvano e ridevano nei corridoi. Emiliano era pronto a tutto, ma non sapeva che il suo primo giorno di scuola sarebbe stato così fuori dal comune.

Quando Emiliano entrò nella scuola, tutti gli occhi si voltarono verso di lui. Non era ogni giorno che un principe si univa a una scuola pubblica! Emiliano fece del suo meglio per non sentirsi imbarazzato e sorrise ai suoi nuovi compagni di classe. Ma, sebbene avesse tentato di sembrare rilassato, non riuscì a ignorare il sussurro di stupore che si diffondeva tra gli alunni.

La prima lezione era di matematica. Emiliano si sedette al suo banco con entusiasmo, pronto ad affrontare equazioni e numeri. Tuttavia, non appena il professore, il signor Pio, iniziò a scrivere sulla lavagna, Emiliano si accorse che le operazioni sembravano un po' diverse da quelle che aveva studiato a corte. E non solo: il professor Pio sembrava parlare in una lingua completamente incomprensibile.

"Ma perché parliamo di 'fractions'?" chiese Emiliano, cercando di capire la lezione.

Il signor Pio alzò un sopracciglio e rispose: "Qui usiamo il sistema decimale, non i numeri romani, Principe Emiliano."

Emiliano arrossì e tentò di concentrarsi, ma il resto della lezione sembrava un mare di numeri e simboli che non riusciva a decifrare. Si chiese se, per caso, i numeri a corte avessero avuto regole diverse.

La giornata continuò con una serie di sfide inaspettate. Durante la lezione di scienze, Emiliano scoprì che le esperienze scientifiche non erano come quelle che aveva visto nei suoi libri illustrati. Invece di guardare spettacolari esperimenti con pozioni scintillanti, si trovò a fare esperimenti con miscele di acidi e basi, e presto si ritrovò con una macchia di reagente sul suo elegante blazer.

Quando arrivò il momento del pranzo, Emiliano si sedette al tavolo con i suoi compagni. La mensa scolastica era molto diversa dalle cene principesche a cui era abituato. Invece di piatti raffinati e serviti da maggiordomi, c'erano tray con cibo che sembrava uscire direttamente da una fabbrica di rifornimenti scolastici. Emiliano si avvicinò al bancone e chiese: "Cosa c'è oggi per pranzo?"

"Pizza e polpette," rispose il cuoco con un sorriso cordiale.

Emiliano prese un piatto e si sedette, ma quando provò a mangiare, scoprì che la pizza era talmente attaccata al piatto che sembrava impossibile staccarla. E le polpette erano così secche che sembravano piccoli sassi. Emiliano cercò di mantenere la calma, ma non riuscì a non storcere il naso.

Dopo il pranzo, la giornata scolastica continuò con una serie di lezioni e attività che sembravano sempre più complicate. Durante la lezione di educazione fisica, Emiliano fu coinvolto in una partita di calcio. Nonostante il suo entusiasmo, si rese presto conto che i calciatori del suo nuovo istituto erano molto più veloci e abili di quanto si aspettasse. Dopo aver cercato di correre dietro alla palla senza successo, Emiliano finì a rotolare nel fango, ricoperto di sporco e completamente fradicio.

Il giorno stava volgendo al termine e Emiliano era esausto. Si rese conto che la scuola non era affatto come si era immaginato. Nonostante tutti i suoi sforzi, il suo primo giorno era stato un disastro completo. Ma proprio quando pensava che non potesse andare peggio, accadde l'impensabile: un'invasione di piccioni.

Durante l'ultima lezione della giornata, mentre Emiliano e i suoi compagni erano concentrati su un compito di scrittura, una nuvola di piccioni entrò nell'aula dalla finestra aperta. I piccoli uccelli iniziarono a volare in giro, facendo caos tra i banchi e i libri. Emiliano, preso alla sprovvista, cercò di tenerli lontani dalla sua testa, ma i piccioni sembravano particolarmente interessati al suo cappello.

Quando la situazione finalmente si calmò e i piccioni furono allontanati, Emiliano si sentì sollevato ma anche deluso. Pensava che il suo primo giorno di scuola sarebbe stato un successo e non un disastro totale. Ma mentre stava per andarsene, notò che i suoi compagni di classe si avvicinarono a lui con espressioni di simpatia.

"Ehi, non è stato il miglior primo giorno, vero?" disse Timmy, un ragazzo con capelli ricci e un sorriso amichevole.

"No, decisamente no," rispose Emiliano, cercando di ridere.

"Ma guarda il lato positivo," aggiunse Timmy. "Oggi abbiamo scoperto che il Principe Emiliano è più simile a noi di quanto pensassimo. Hai affrontato tutto con coraggio e hai persino provato a giocare a calcio con noi, anche se non sei un esperto."

Gli altri compagni di classe annuirono e si unirono ai complimenti. Emiliano si rese conto che, sebbene il suo primo giorno non fosse stato perfetto, aveva dimostrato di essere un buon sport e di voler integrarsi. Questo fu sufficiente per farlo sentire meglio e iniziare a guardare avanti con ottimismo.

Mentre Emiliano tornava a casa con il suo carrozza regale, ripensava alla giornata. Aveva affrontato molte difficoltà e aveva fatto errori, ma aveva anche imparato una lezione preziosa: la scuola non era come il castello, ma era un luogo dove poteva fare amicizie e crescere.

Quando arrivò a casa, sua madre, la Regina Alessandra, lo accolse con un abbraccio caloroso. "Com'è andata la tua giornata, tesoro?"

"È stata difficile," rispose Emiliano. "Ma credo di aver imparato molto. E i miei compagni di classe sono stati molto gentili con me."

La Regina Alessandra sorrise e disse: "Sono orgogliosa di te, Emiliano. Ogni nuovo inizio ha le sue sfide, ma è proprio affrontarle che ci fa crescere. Sono felice che tu abbia trovato dei buoni amici e che tu stia affrontando questa nuova avventura con il cuore aperto."

Emiliano si sentì felice e soddisfatto. Sapeva che il primo giorno era solo l'inizio e che ci sarebbero stati altri giorni pieni di sfide e divertimento. Ma con i suoi nuovi amici al suo fianco e una mente aperta, era pronto a affrontare qualsiasi cosa.

E così, il Principe Emiliano tornò al giorno seguente con un sorriso e un entusiasmo rinnovato, pronto a vivere nuove avventure e a fare del suo meglio ogni giorno. E vissero felici e contenti, con Emiliano che

continuava a scoprire e ad apprendere, giorno dopo giorno, nella sua
nuova scuola.

47

Prince Emiliano and the Disastrous First Day of School

Once upon a time, there was a young prince named Emiliano who lived in the regal castle of Palladia. Emiliano was a lively and curious boy with a big heart and an endless desire to explore the world beyond the castle walls. Despite living in a palace with enormous rooms and golden corridors, Emiliano longed for one thing: to attend a regular school just like other children.

On the day of his first day of school, Emiliano woke up early, and his excitement was so palpable it felt almost tangible. He had donned his best school uniform, a bright blue jacket with a striped tie and velvet trousers. Despite the elegance of the outfit, Emiliano was determined to experience school life just like any other child.

After a hearty breakfast of croissants and hot chocolate, Emiliano was escorted to his new school, the Duke Rinaldo High School. It was a regular school, just like the ones he had read about in books and seen in films, with colorful classrooms, strict teachers, and children running and laughing in the hallways. Emiliano was ready for anything, but he had no idea that his first day of school would be so extraordinary.

When Emiliano entered the school, all eyes turned towards him. It wasn't every day that a prince joined a public school! Emiliano did his best to avoid feeling embarrassed and smiled at his new classmates. But, although he tried to seem relaxed, he couldn't ignore the whisper of astonishment spreading among the students.

The first lesson was mathematics. Emiliano sat at his desk with enthusiasm, ready to tackle equations and numbers. However, as soon as the teacher, Mr. Pio, began writing on the blackboard, Emiliano noticed that the operations seemed a bit different from those he had studied at court. And not only that, Mr. Pio seemed to be speaking in a completely incomprehensible language.

"But why are we talking about 'fractions'?" Emiliano asked, trying to understand the lesson.

Mr. Pio raised an eyebrow and replied, "Here we use the decimal system, not Roman numerals, Prince Emiliano."

Emiliano blushed and tried to focus, but the rest of the lesson seemed like a sea of numbers and symbols he couldn't decipher. He wondered if, perhaps, numbers at court had different rules.

The day continued with a series of unexpected challenges. During the science lesson, Emiliano discovered that scientific experiments were not like the ones he had seen in his illustrated books. Instead of watching spectacular experiments with sparkling potions, he found himself dealing with mixtures of acids and bases, and soon ended up with a stain of reagent on his elegant blazer.

When lunchtime arrived, Emiliano sat at the table with his classmates. The school cafeteria was very different from the royal dinners he was used to. Instead of refined dishes served by butlers, there were trays with food that seemed to come straight from a school supply factory. Emiliano approached the counter and asked, "What's for lunch today?"

"Pizza and meatballs," replied the cook with a friendly smile.

Emiliano took a plate and sat down, but when he tried to eat, he found that the pizza was so stuck to the plate that it seemed impossible to remove. And the meatballs were so dry that they resembled little rocks. Emiliano tried to remain calm but couldn't help wrinkling his nose.

After lunch, the school day continued with a series of lessons and activities that seemed increasingly complicated. During physical education class, Emiliano was involved in a soccer game. Despite his enthusiasm, he soon realized that the players at his new school were much faster and more skilled than he expected. After trying to chase the ball unsuccessfully, Emiliano ended up rolling in the mud, covered in dirt and completely soaked.

The day was drawing to a close and Emiliano was exhausted. He realized that school was nothing like he had imagined. Despite all his efforts, his first day had been a complete disaster. But just when he thought things couldn't get any worse, the unthinkable happened: a pigeon invasion.

During the last lesson of the day, while Emiliano and his classmates were focused on a writing assignment, a flock of pigeons flew into the classroom through the open window. The little birds began to fly around, causing chaos among the desks and books. Emiliano, caught off guard, tried to keep them away from his head, but the pigeons seemed particularly interested in his hat.

When the situation finally calmed down and the pigeons were driven away, Emiliano felt relieved but also disappointed. He had hoped that his first day of school would be a success, not a total disaster. But as he was about to leave, he noticed that his classmates approached him with sympathetic expressions.

"Hey, wasn't that the worst first day ever?" said Timmy, a boy with curly hair and a friendly smile.

"No, definitely not," replied Emiliano, trying to laugh.

"But look on the bright side," added Timmy. "Today we discovered that Prince Emiliano is more like us than we thought. You faced everything with courage and even tried to play soccer with us, even though you're not an expert."

The other classmates nodded and joined in the compliments. Emiliano realized that, even though his first day had not been perfect, he had shown himself to be a good sport and eager to fit in. That was enough to make him feel better and start looking forward with optimism.

As Emiliano rode home in his royal carriage, he reflected on the day. He had faced many challenges and made mistakes, but he had also learned a valuable lesson: school wasn't like the castle, but it was a place where he could make friends and grow.

When he arrived home, his mother, Queen Alessandra, greeted him with a warm embrace. "How was your day, dear?"

"It was tough," Emiliano replied. "But I think I learned a lot. And my classmates were really nice to me."

Queen Alessandra smiled and said, "I'm proud of you, Emiliano. Every new beginning has its challenges, but it's facing them that helps us grow. I'm glad you've found good friends and that you're approaching this new adventure with an open heart."

Emiliano felt happy and content. He knew that the first day was just the beginning and that there would be more days full of challenges and fun. But with his new friends by his side and an open mind, he was ready to face whatever came next.

And so, Prince Emiliano returned the next day with a smile and renewed enthusiasm, ready to experience new adventures and do his best every day. And they lived happily ever after, with Emiliano continuing to discover and learn, day by day, at his new school.

Il Serpente Invisibile di Villa Ruggine

C'era una volta, in una tranquilla cittadina di nome Verdeggia, una grande villa chiamata Villa Ruggine. Villa Ruggine era famosa non solo per i suoi giardini incantevoli e le sue stanze sontuose, ma anche per una cosa un po' più strana e misteriosa: si diceva che ci fosse un serpente invisibile che abitava nella villa.

Il serpente, chiamato Serpente Scomparso, era stato il protagonista di molte leggende locali. Nessuno l'aveva mai visto, ma tutti dicevano che potesse muoversi senza essere visto e che amasse fare piccoli scherzi. La gente raccontava storie su come il Serpente Scomparso avesse un talento speciale per fare dispetti come nascondere le scarpe delle persone, spostare le sedie o addirittura far cadere oggetti dal tavolo senza motivo apparente.

In Villa Ruggine vivevano due bambini, Sofia e Marco, che adoravano le avventure. Nonostante avessero sentito parlare del serpente invisibile, non credevano che fosse reale. Pensavano che fosse solo una storia inventata per spaventare i bambini. Ma tutto cambiò quando, un pomeriggio, decisero di esplorare il vecchio attico della villa.

L'attico era un luogo affascinante e misterioso, pieno di vecchie bauli, quadri polverosi e oggetti antichi. Sofia e Marco erano entusiasti di esplorare e scoprire cosa si nascondeva tra la polvere e le ragnatele. Erano armati di torce, macchine fotografiche e una buona dose di coraggio.

Mentre rovistavano tra gli oggetti, Sofia trovò una vecchia scatola di legno decorata con intricati intagli. "Guarda cosa ho trovato!" esclamò Sofia, mostrando la scatola a Marco. Marco si avvicinò e insieme iniziarono ad aprirla con cautela. Dentro, trovarono una mappa antica e un biglietto scritto a mano.

Il biglietto recitava: "Cercate il serpente e scoprirete il segreto di Villa Ruggine. Ma attenzione, non è quello che sembra."

Sofia e Marco si scambiarono uno sguardo eccitato. "Cosa significa tutto questo?" chiese Marco.

"Non lo so," rispose Sofia. "Ma potrebbe essere un indizio per trovare il serpente invisibile. Dobbiamo seguire la mappa!"

La mappa era disegnata con grande dettaglio, mostrando ogni angolo della villa e del suo giardino. C'era un percorso indicato con una linea rossa che portava a un punto specifico nell'orto della villa. Senza esitazione, i due bambini decisero di seguire il percorso.

Uscirono dall'attico e si diressero verso l'orto, armati della mappa e della loro curiosità. Mentre si avvicinavano al punto indicato, notarono che l'orto sembrava piuttosto ordinario. C'erano file di ortaggi e piante aromatiche, ma niente che potesse far pensare a un serpente invisibile.

"Dove possiamo trovare qualcosa di nascosto qui?" si chiese Marco.

Sofia studiò attentamente la mappa e notò che il percorso terminava accanto a una grande quercia. "Dobbiamo scavare vicino a questo albero!" disse Sofia.

I due bambini iniziarono a scavare con entusiasmo, usando le mani e un vecchio rastrello trovato in giardino. Dopo aver scavato per un po', le loro mani sentirono qualcosa di solido sotto la terra. Con uno sforzo combinato, estrassero un piccolo scrigno di legno decorato con gemme colorate.

"Sembra davvero antico," osservò Marco, mentre Sofia apriva lo scrigno con cura. Dentro, trovarono un piccolo anello d'oro e un altro biglietto. Questo biglietto era scritto in uno stile elegante e recitava: "Il segreto del serpente non è nella sua invisibilità, ma nella sua abilità di camuffarsi. Scopritelo e avrete il premio."

"Camuffarsi?" chiese Sofia. "Cosa significa?"

"Credo che dobbiamo cercare qualcosa di nascosto qui," rispose Marco, osservando l'orto con attenzione.

Nel frattempo, un leggero fruscio attirò la loro attenzione. Guardarono intorno e notarono che le foglie di una pianta vicino a loro sembravano muoversi leggermente, come se qualcuno le stesse sfiorando. Sofia e Marco si avvicinarono cautamente e trovarono un piccolo serpente nascosto tra le foglie. Era invisibile a causa del suo colore che si mescolava perfettamente con l'ambiente circostante.

"Ecco il Serpente Scomparso!" esclamò Sofia. "Non è veramente invisibile, ma è così bravo a nascondersi che sembra esserlo."

Il serpente, che aveva il corpo lucente e dorato, si avvicinò ai bambini e fece un piccolo movimento come se stesse salutando. Sofia e Marco capirono che il serpente non era affatto malizioso, ma piuttosto un maestro dell'arte del camuffamento.

"Dobbiamo dirlo a tutti," disse Marco. "Il Serpente Scomparso è un amico e non un nemico."

Sofia annuì e i due bambini decisero di tornare alla villa per raccontare la loro scoperta. Quando arrivarono, furono accolti con entusiasmo dai genitori e dal personale della villa. Raccontarono la loro avventura e mostrarono il serpente camuffato.

"Non posso crederci!" esclamò il signor Giorgio, il giardiniere. "Pensavo che fosse solo una leggenda."

"E invece no," rispose Sofia. "Il serpente è reale, ma è molto amichevole."

Da quel giorno, il Serpente Scomparso divenne una specie di mascotte per la villa. Ogni volta che Sofia e Marco andavano a fare una passeggiata nell'orto, il serpente era lì, pronto a mostrar loro nuovi trucchi e a nascondersi in posti sempre diversi. I due bambini avevano finalmente trovato un amico straordinario e l'avventura che avevano vissuto era diventata una delle storie più affascinanti di Villa Ruggine.

E così, Sofia e Marco trascorsero molte altre avventure, con il Serpente Scomparso sempre al loro fianco, pronto a dimostrare che anche le leggende possono nascondere meraviglie reali. E vissero felici e contenti, con una storia che avrebbe affascinato tutti i visitatori della villa per molti anni a venire.

The Invisible Snake of Villa Rust

Once upon a time, in a quiet town named Greenvale, there was a grand villa called Villa Rust. Villa Rust was famous not only for its charming gardens and lavish rooms but also for a rather strange and mysterious thing: it was said that there was an invisible snake living in the villa.

The snake, known as the Vanished Snake, had been the subject of many local legends. No one had ever seen it, but everyone said it could move without being seen and loved to play little tricks. People told stories about how the Vanished Snake had a special talent for pranks like hiding people's shoes, moving chairs, or even making objects fall off the table for no apparent reason.

In Villa Rust lived two children, Sofia and Marco, who adored adventures. Despite having heard about the invisible snake, they didn't believe it was real. They thought it was just a story invented to scare children. But everything changed one afternoon when they decided to explore the old attic of the villa.

The attic was a fascinating and mysterious place, filled with old trunks, dusty paintings, and ancient objects. Sofia and Marco were excited to explore and discover what was hidden among the dust and cobwebs. They were armed with flashlights, cameras, and a good dose of courage.

While rummaging through the items, Sofia found an old wooden box decorated with intricate carvings. "Look what I found!" exclaimed Sofia, showing the box to Marco. Marco approached, and together they began to open it carefully. Inside, they found an ancient map and a handwritten note.

The note read: "Seek the snake and discover the secret of Villa Rust. But beware, it's not what it seems."

Sofia and Marco exchanged an excited glance. "What does this mean?" asked Marco.

"I don't know," replied Sofia. "But it could be a clue to finding the invisible snake. We have to follow the map!"

The map was drawn with great detail, showing every corner of the villa and its garden. There was a path marked with a red line leading to a specific point in the villa's garden. Without hesitation, the two children decided to follow the path.

They left the attic and headed toward the garden, armed with the map and their curiosity. As they approached the indicated point, they noticed that the garden looked quite ordinary. There were rows of vegetables and aromatic plants, but nothing that suggested an invisible snake.

"Where can we find something hidden here?" wondered Marco.

Sofia studied the map closely and noticed that the path ended next to a large oak tree. "We need to dig near this tree!" said Sofia.

The two children started digging enthusiastically, using their hands and an old rake found in the garden. After digging for a while, their hands felt something solid beneath the soil. With a combined effort, they unearthed a small wooden chest adorned with colorful gems.

"It looks really old," observed Marco as Sofia carefully opened the chest. Inside, they found a small golden ring and another note. This note was written in an elegant style and read: "The secret of the snake is not in its invisibility, but in its ability to blend in. Discover it, and you shall have your reward."

"Blend in?" asked Sofia. "What does that mean?"

"I think we need to look for something hidden here," Marco replied, observing the garden closely.

Meanwhile, a faint rustling caught their attention. They looked around and noticed that the leaves of a nearby plant seemed to be moving slightly, as if someone was brushing them. Sofia and Marco approached cautiously and found a small snake hidden among the leaves. It was invisible due to its color blending perfectly with its surroundings.

"Here's the Vanished Snake!" exclaimed Sofia. "It's not truly invisible, but it's so good at hiding that it seems to be."

The snake, which had a shiny, golden body, slithered closer to the children and made a small movement as if greeting them. Sofia and Marco realized that the snake was not malicious at all but rather a master of the art of camouflage.

"We need to tell everyone," said Marco. "The Vanished Snake is a friend, not an enemy."

Sofia nodded, and the two children decided to return to the villa to share their discovery. When they arrived, they were greeted with enthusiasm by their parents and the villa staff. They recounted their adventure and showed the camouflaged snake.

"I can't believe it!" exclaimed Mr. Giorgio, the gardener. "I thought it was just a legend."

"And it's not," replied Sofia. "The snake is real, but it's very friendly."

From that day on, the Vanished Snake became something of a mascot for the villa. Every time Sofia and Marco went for a walk in the garden, the snake was there, ready to show them new tricks and hide in ever-different places. The two children had finally found an extraordinary friend, and the adventure they had lived became one of the most fascinating stories of Villa Rust.

And so, Sofia and Marco spent many more adventures with the Vanished Snake always by their side, ready to prove that even legends can hide real wonders. And they lived happily ever after, with a story that would captivate all the villa's visitors for many years to come.

L'Incredibile Macchina dei Desideri Alimentari di Leonardo

C'era una volta, in una vivace cittadina chiamata Saporopoli, un inventore molto speciale di nome Leonardo. Leonardo non era un inventore qualsiasi; era noto in tutta la città per le sue invenzioni stravaganti e brillanti. Aveva creato di tutto, da orologi che cantano canzoni a scarpe che possono saltare così in alto da toccare le nuvole. Ma il suo ultimo progetto era senza dubbio il più straordinario di tutti: la Macchina dei Desideri Alimentari.

Leonardo aveva trascorso mesi e mesi a lavorare nella sua officina, un luogo affollato di ingranaggi, tubi e strumenti scintillanti. Ogni volta che qualcuno passava davanti alla sua casa, sentiva il rumore di martelli e seghe, e vedeva strane luci lampeggiare dalle finestre. Finalmente, un giorno, Leonardo uscì trionfante dal suo laboratorio con una grande coperta sotto il braccio. "Ecco la mia ultima invenzione!" esclamò entusiasta. "La Macchina dei Desideri Alimentari!"

La Macchina dei Desideri Alimentari era un congegno gigantesco, alto come un palazzo a due piani e coperto di luci colorate e pulsanti scintillanti. Aveva la forma di un grande forno, con una manopola d'argento e una finestra in vetro che sembrava fare il solletico agli occhi. Leonardo la mostrò ai suoi amici, che erano tutti molto curiosi di vedere come funzionava.

"Come funziona?" chiese Marco, un amico di Leonardo, con un sorriso scettico.

"È semplice!" rispose Leonardo, con un sorriso compiaciuto. "Basta inserire un desiderio alimentare e premere il pulsante! La macchina lo trasformerà in realtà!"

Per dimostrare che la macchina era davvero magica, Leonardo decise di fare una dimostrazione. "Che tipo di cibo desideri, Marco?" chiese Leonardo.

Marco pensò per un momento e poi disse: "Vorrei una pizza con tutto, ma proprio tutto, sopra!"

Leonardo girò la manopola, premette il pulsante e, con un lampeggio di luci e un rumore di ingranaggi che girano, la macchina emise un grande "POP!" e una pizza gigantesca, con ogni tipo di condimento immaginabile, apparve sulla finestra del forno. Marco rimase sbalordito e assaggiò la pizza, che era assolutamente deliziosa.

"È incredibile!" esclamò Marco. "Ma la macchina può fare qualsiasi tipo di cibo?"

Leonardo annuì con orgoglio. "Certo! Basta esprimere un desiderio e la macchina lo realizzerà!"

La notizia della macchina straordinaria di Leonardo si diffuse rapidamente in tutta Saporopoli. Ogni giorno, un sacco di gente veniva a visitare l'inventore e a provare la sua macchina magica. C'era chi desiderava gelati di tutti i gusti, chi voleva hamburger con ingredienti esotici, e chi addirittura sognava di mangiare una nuvola di zucchero filato grande come una casa. Leonardo e la sua macchina erano il centro dell'attenzione, e tutti erano entusiasti di scoprire cosa avrebbero mangiato il giorno successivo.

Ma, come spesso accade con le cose straordinarie, non tutto andava come previsto. Un giorno, la macchina cominciò a comportarsi in modo strano. Invece di preparare i cibi desiderati, iniziò a sputare fuori strane combinazioni di cibo, come spaghetti alla frutta o hamburger con panna montata. Leonardo si preoccupò e decise di indagare.

"Qualcosa non va con la macchina," disse Leonardo, mentre cercava di capire cosa stesse succedendo. "Deve esserci un problema con il sistema dei desideri."

Lavorò giorno e notte per cercare di riparare la macchina, ma ogni volta che sembrava aver risolto un problema, un nuovo guasto appariva. I cittadini di Saporopoli iniziarono a essere delusi e frustrati. La macchina, che era stata una fonte di gioia, era ora diventata una causa di confusione e disordine.

Leonardo decise di chiedere aiuto ai suoi amici. "Ho bisogno del vostro aiuto," disse a Marco e ad altri amici inventori. "La macchina deve essere riparata, e non posso farlo da solo."

Gli amici di Leonardo accettarono di aiutarlo e insieme lavorarono duramente per trovare la causa del problema. Durante il lavoro, si resero conto che la macchina non aveva solo un guasto tecnico, ma anche un problema di interpretazione dei desideri. I desideri degli utenti erano così diversi e creativi che la macchina aveva iniziato a confondersi.

"Credo che la macchina abbia bisogno di una nuova funzione," disse Marco. "Dovremmo aggiungere un sistema di filtraggio dei desideri per evitare combinazioni strane."

Leonardo e i suoi amici misero a punto un nuovo sistema che permetteva di scegliere tra diverse opzioni prima di effettuare un desiderio. In questo modo, la macchina avrebbe potuto preparare cibi che erano sia desiderati che realistici.

Dopo aver fatto tutte le modifiche necessarie, la macchina era pronta per un nuovo test. Leonardo invitò tutti i cittadini di Saporopoli per una grande festa di riapertura. "La macchina è pronta!" annunciò Leonardo. "Spero che questa volta funzionerà come dovrebbe."

Quando tutti iniziarono a fare i loro desideri, la macchina preparò cibi deliziosi e perfetti. Non più spaghetti alla frutta o hamburger con panna montata, ma piuttosto deliziosi piatti come lasagne, tacos e croissant. La gente era felice e soddisfatta, e Leonardo fu sollevato nel vedere che la sua invenzione tornava a funzionare bene.

Nel corso dei mesi successivi, Leonardo continuò a perfezionare la sua Macchina dei Desideri Alimentari, e Saporopoli tornò a essere un luogo dove i desideri alimentari diventavano realtà. Ogni giorno, la macchina preparava cibi straordinari e i cittadini si divertivano a provare nuove combinazioni e sapori.

E così, grazie all'ingegno e alla perseveranza di Leonardo e dei suoi amici, la Macchina dei Desideri Alimentari tornò a essere un simbolo di gioia e meraviglia. I desideri alimentari dei cittadini di Saporopoli erano finalmente realizzati come dovevano essere, e tutti vissero felici e contenti, con piatti prelibati e nuove avventure gastronomiche ogni giorno.

Leonardo's Incredible Food Wish Machine

Once upon a time, in a lively town called Flavourville, there was a very special inventor named Leonardo. Leonardo wasn't just any inventor; he was renowned throughout the town for his whimsical and brilliant inventions. He had created everything from singing clocks to shoes that could jump so high they touched the clouds. But his latest project was by far the most extraordinary of all: the Food Wish Machine.

Leonardo had spent months and months working in his workshop, a cluttered space filled with gears, tubes, and sparkling tools. Every time someone passed by his house, they heard the clanging of hammers and saw strange lights flashing from the windows. Finally, one day, Leonardo emerged triumphantly from his workshop with a large blanket under his arm. "Here it is, my latest invention!" he exclaimed excitedly. "The Food Wish Machine!"

The Food Wish Machine was a gigantic contraption, as tall as a two-story building, covered in colorful lights and dazzling buttons. It looked like a giant oven, with a silver knob and a glass window that seemed to tickle the eyes. Leonardo showed it to his friends, who were all very curious to see how it worked.

"How does it work?" asked Marco, one of Leonardo's friends, with a skeptical smile.

"It's simple!" replied Leonardo with a proud grin. "Just make a food wish and press the button! The machine will make it come true!"

To prove that the machine was truly magical, Leonardo decided to do a demonstration. "What kind of food do you wish for, Marco?" asked Leonardo.

Marco thought for a moment and then said, "I'd like a pizza with everything, I mean everything, on it!"

Leonardo turned the knob, pressed the button, and with a flash of lights and a noise of whirring gears, the machine made a loud "POP!" and a gigantic pizza, with every imaginable topping, appeared in the oven's window. Marco was astounded and tasted the pizza, which was absolutely delicious.

"This is incredible!" exclaimed Marco. "But can the machine make any kind of food?"

Leonardo nodded proudly. "Of course! Just make a wish, and the machine will make it happen!"

News of Leonardo's amazing machine spread quickly throughout Flavourville. Every day, a lot of people came to visit the inventor and try his magical machine. There were those who wished for ice cream in every flavor, those who wanted burgers with exotic ingredients, and even those who dreamed of eating a cotton candy cloud as big as a house. Leonardo and his machine were the center of attention, and everyone was excited to see what they would eat the next day.

But, as often happens with extraordinary things, not everything went as planned. One day, the machine started behaving strangely. Instead of preparing the desired foods, it began spitting out odd combinations, like fruit spaghetti or burgers with whipped cream. Leonardo grew worried and decided to investigate.

"There's something wrong with the machine," Leonardo said as he tried to figure out what was going on. "There must be a problem with the wish system."

He worked day and night trying to fix the machine, but every time it seemed he had resolved one issue, a new malfunction appeared. The citizens of Flavourville began to be disappointed and frustrated. The machine, which had been a source of joy, had now become a cause of confusion and disorder.

Leonardo decided to ask for help from his friends. "I need your help," he said to Marco and other inventor friends. "The machine needs to be repaired, and I can't do it alone."

Leonardo's friends agreed to help and together they worked hard to find the cause of the problem. During their work, they realized that the machine not only had a technical fault but also an issue with interpreting the wishes. The users' wishes were so varied and creative that the machine had started to get confused.

"I think the machine needs a new feature," said Marco. "We should add a wish filtering system to prevent strange combinations."

Leonardo and his friends developed a new system that allowed users to choose from different options before making a wish. This way, the machine could prepare foods that were both desired and realistic.

After making all the necessary adjustments, the machine was ready for a new test. Leonardo invited all the citizens of Flavourville for a grand reopening party. "The machine is ready!" announced Leonardo. "I hope it works as it should this time."

When everyone started making their wishes, the machine prepared delicious and perfect foods. No more fruit spaghetti or burgers with whipped cream, but rather tasty dishes like lasagna, tacos, and croissants.

The people were happy and satisfied, and Leonardo was relieved to see his invention working well again.

In the months that followed, Leonardo continued to perfect his Food Wish Machine, and Flavourville became a place where food wishes came true. Every day, the machine prepared extraordinary foods, and the citizens enjoyed trying new combinations and flavors.

And so, thanks to Leonardo's ingenuity and perseverance, along with the help of his friends, the Food Wish Machine became a symbol of joy and wonder once more. The food wishes of the citizens of Flavourville were finally fulfilled as they should be, and everyone lived happily ever after, with delicious dishes and new gastronomic adventures every day.

Il Corvo Cantante e la Magia delle Note Perdute

In una piccola cittadina circondata da boschi e campi verdi, viveva un corvo di nome Bruno. Bruno non era un corvo qualsiasi. A differenza degli altri corvi, che erano noti per il loro grido rauco e i loro giochi bizzarri, Bruno era famoso per la sua voce incantevole. La sua capacità di cantare era così straordinaria che si diceva che potesse far fiorire i fiori e far brillare le stelle con il suo canto.

Bruno viveva su un grande albero di quercia nel centro del bosco. Ogni mattina, appena il sole cominciava a sorgere, Bruno si alzava e iniziava a cantare. Il suo canto era così melodioso che gli animali del bosco si svegliavano con un sorriso e i fiori sembravano aprirsi più luminosi. Gli abitanti del villaggio vicino venivano spesso nel bosco solo per ascoltarlo, e la sua fama si era sparsa in tutto il regno.

Un giorno, mentre Bruno stava cantando una canzone allegra e vivace, un grande tornado colpì la zona. Il vento soffiava così forte che gli alberi tremavano e gli animali cercavano riparo. Bruno cercò di continuare a cantare, ma il tornado era così potente che il suo canto fu travolto dal rumore del vento.

Quando il tornado finalmente si placò e la calma tornò nel bosco, Bruno si accorse che qualcosa di terribile era successo: non riusciva più a cantare! La sua voce, che un tempo era così pura e melodiosa, era ora spezzata e rotta. Bruno era devastato. Senza il suo canto, come avrebbe potuto portare gioia agli altri?

Disperato, Bruno volò fino al villaggio per chiedere aiuto. "Per favore, aiutatemi!" implorò ai cittadini. "Non posso più cantare come prima!"

Gli abitanti del villaggio, vedendo quanto fosse triste Bruno, si sentirono colpiti dalla sua miseria. "Non possiamo lasciare che Bruno soffra così," disse la signora Viola, la fioraia del villaggio. "Dobbiamo fare qualcosa!"

Così, i cittadini del villaggio si riunirono e decisero di intraprendere una missione per aiutare Bruno a ritrovare il suo canto. Sapevano che il corvo era sempre stato una fonte di felicità e speranza e non potevano permettere che la sua tristezza continuasse. Dopo molte discussioni, decisero di consultare un saggio vecchio gufo di nome Ulisse, che viveva in una grotta nascosta nel cuore del bosco.

Ulisse era conosciuto per la sua saggezza e il suo potere di risolvere i problemi più complessi. Quando i cittadini arrivarono alla sua grotta, lo trovarono intento a leggere un antico libro di incantesimi. "Saggio Ulisse, abbiamo bisogno del tuo aiuto," disse la signora Viola. "Il corvo Bruno non può più cantare, e senza la sua voce, il nostro villaggio è triste e silenzioso."

Ulisse sollevò lo sguardo dal suo libro e guardò i cittadini con occhi penetranti. "Capisco," disse il gufo con tono grave. "Il tornado ha distrutto le note magiche che davano a Bruno la sua voce incantevole. Per aiutarlo, dovete recuperare le Note Perdute."

Le Note Perdute erano delle particelle di magia pura che si diceva fossero sparpagliate in tutto il regno dopo il tornado. Senza queste note, Bruno non sarebbe mai più stato in grado di cantare come prima. Ulisse consegnò ai cittadini una mappa antica che mostrava dove le Note Perdute potevano essere trovate.

"Questo è il vostro compito," disse Ulisse. "Seguite la mappa e recuperate le Note Perdute. Solo allora Bruno potrà riacquistare il suo canto."

I cittadini del villaggio si misero subito in cammino, seguendo la mappa attraverso foreste, fiumi e montagne. Affrontarono molti pericoli lungo il percorso: attraversarono ponti traballanti, affrontarono animali selvaggi e superarono fiumi impetuosi. Ma non si lasciarono scoraggiare. Avevano un obiettivo chiaro e la determinazione di aiutare Bruno.

Dopo giorni di viaggio, giunsero finalmente a un'antica rovine, dove secondo la mappa si trovavano le Note Perdute. Le rovine erano coperte di muschio e liane, e sembravano emanare un'aura di mistero. I cittadini esplorarono attentamente ogni angolo delle rovine e, dopo una lunga ricerca, trovarono una piccola cassa d'oro nascosta sotto un antico albero.

Quando aprirono la cassa, trovarono all'interno delle piccole gemme luminose che brillavano con colori vivaci. Ogni gemma era una Nota Perduta. I cittadini le raccolsero con cura e le posero in un sacchetto speciale che avevano portato con loro.

Con le Note Perdute finalmente recuperate, i cittadini ritornarono al villaggio e si recarono subito alla grotta di Ulisse. Il saggio gufo esaminò le gemme e annuì con soddisfazione. "Ottimo lavoro," disse Ulisse. "Ora dobbiamo restituire queste note a Bruno."

Quando arrivarono alla quercia di Bruno, lo trovarono ancora triste e silenzioso. "Bruno, abbiamo recuperato le Note Perdute!" esclamò la signora Viola. "Ora puoi tornare a cantare come prima!"

Bruno guardò le gemme con occhi pieni di speranza e, con un misto di eccitazione e nervosismo, le ingoiò una ad una. Immediatamente, una sensazione di calore e leggerezza si diffuse nella sua gola, e le sue piume iniziarono a brillare. Quando Bruno aprì il becco e iniziò a cantare, il suo canto era di nuovo puro e melodioso, più bello di quanto fosse mai stato.

Gli animali del bosco e gli abitanti del villaggio si radunarono intorno alla quercia per ascoltare il meraviglioso concerto di Bruno. Il suo canto riempì l'aria con note magiche che sembravano far danzare le foglie e brillare le stelle. La felicità tornò nel villaggio e nel bosco, e tutto tornò come prima.

Bruno era grato ai cittadini e a Ulisse per averlo aiutato a ritrovare il suo canto. "Non so come ringraziarvi," disse Bruno, con gli occhi lucidi di gioia. "Siete stati straordinari!"

Da quel giorno in poi, Bruno continuò a cantare ogni mattina, e il suo canto divenne ancora più speciale. Le Note Perdute avevano non solo ripristinato la sua voce, ma avevano anche reso il suo canto una fonte di magia e gioia per tutti. Gli abitanti del villaggio e gli animali del bosco sapevano che, anche nei momenti più bui, la speranza e l'amicizia potevano superare qualsiasi avversità.

E così, Bruno il corvo tornò a essere il cantore più amato di tutto il regno, e ogni giorno il suo canto ricordava a tutti che la magia è sempre possibile, soprattutto quando ci si aiuta l'un l'altro. E vissero felici e contenti, con il cuore colmo di musica e meraviglia.

The Singing Raven and the Magic of the Lost Notes

Once upon a time, in a small town surrounded by forests and green fields, lived a very special raven named Bruno. Bruno was no ordinary raven. Unlike other ravens, known for their harsh cawing and bizarre antics, Bruno was famous for his enchanting voice. His singing ability was so extraordinary that it was said he could make flowers bloom and stars shine with his song.

Bruno lived in a large oak tree at the center of the forest. Every morning, as soon as the sun began to rise, Bruno would start singing. His song was so melodious that the animals of the forest would wake up with a smile, and the flowers seemed to open up brighter. The townsfolk would often visit the forest just to hear him, and his fame had spread throughout the kingdom.

One day, while Bruno was singing a cheerful and lively tune, a massive tornado struck the area. The wind blew so fiercely that the trees shook and the animals sought shelter. Bruno tried to continue singing, but the tornado was so powerful that his song was drowned out by the noise of the wind.

When the tornado finally subsided and calm returned to the forest, Bruno realized something terrible had happened: he could no longer sing! His voice, once so pure and melodious, was now broken and strained. Bruno was devastated. Without his song, how could he bring joy to others?

Desperate, Bruno flew to the village to seek help. "Please, help me!" he pleaded with the townsfolk. "I can no longer sing like I used to!"

Seeing how sad Bruno was, the townspeople were moved by his misery. "We can't let Bruno suffer like this," said Mrs. Violet, the village florist. "We must do something!"

So, the villagers gathered and decided to embark on a mission to help Bruno regain his song. They knew that the raven had always been a source of happiness and hope, and they could not allow his sorrow to continue. After much discussion, they decided to consult a wise old owl named Ulysses, who lived in a hidden cave at the heart of the forest.

Ulysses was known for his wisdom and his power to solve the most complex problems. When the townsfolk arrived at his cave, they found him reading an ancient book of spells. "Wise Ulysses, we need your help," said Mrs. Violet. "The raven Bruno can no longer sing, and without his voice, our village is sad and silent."

Ulysses looked up from his book and stared at the townsfolk with piercing eyes. "I understand," said the owl in a grave tone. "The tornado has destroyed the magical notes that gave Bruno his enchanting voice. To help him, you must recover the Lost Notes."

The Lost Notes were particles of pure magic that were said to have been scattered throughout the kingdom after the tornado. Without these notes, Bruno would never be able to sing like he used to. Ulysses handed the townsfolk an ancient map showing where the Lost Notes could be found.

"This is your task," said Ulysses. "Follow the map and retrieve the Lost Notes. Only then will Bruno be able to regain his song."

The villagers set out immediately, following the map through forests, rivers, and mountains. They faced many dangers along the way: crossing rickety bridges, facing wild animals, and navigating turbulent rivers. But they were undeterred. They had a clear goal and were determined to help Bruno.

After days of travel, they finally reached ancient ruins, where the map indicated the Lost Notes could be found. The ruins were covered in moss and vines, and seemed to emanate an aura of mystery. The villagers carefully explored every corner of the ruins and, after a long search, found a small golden chest hidden under an ancient tree.

When they opened the chest, they found small luminous gems inside, glowing with vibrant colors. Each gem was a Lost Note. The villagers carefully collected them and placed them in a special pouch they had brought with them.

With the Lost Notes finally recovered, the villagers returned to the village and went straight to Ulysses' cave. The wise owl examined the gems and nodded with satisfaction. "Good job," said Ulysses. "Now we must return these notes to Bruno."

When they arrived at Bruno's oak tree, they found him still sad and silent. "Bruno, we've recovered the Lost Notes!" exclaimed Mrs. Violet. "Now you can sing again like before!"

Bruno looked at the gems with hopeful eyes and, with a mix of excitement and nervousness, swallowed them one by one. Immediately, a sensation of warmth and lightness spread through his throat, and his feathers began to shine. When Bruno opened his beak and began to sing, his voice was pure and melodious once more, more beautiful than ever.

The forest animals and the villagers gathered around the oak tree to hear Bruno's wonderful concert. His song filled the air with magical notes that seemed to make the leaves dance and the stars shine. Happiness returned to the village and the forest, and everything was back to normal.

Bruno was grateful to the villagers and Ulysses for helping him regain his song. "I don't know how to thank you," said Bruno, with tears of joy in his eyes. "You've been extraordinary!"

From that day on, Bruno continued to sing every morning, and his song became even more special. The Lost Notes had not only restored his voice but also made his singing a source of magic and joy for everyone. The villagers and the forest animals knew that even in the darkest times, hope and friendship could overcome any adversity.

And so, Bruno the raven became the most beloved singer in the kingdom, and each day his song reminded everyone that magic is always possible, especially when we help each other. And they lived happily ever after, with hearts full of music and wonder.